북항에서

북항에서

2025년 10월 25일 초판 1쇄 인쇄 발행

지은이   윤소암
펴낸이   박종래
펴낸곳   도서출판 명성서림

등록번호   301-2014-013
주소   04625 서울시 중구 필동로 6 (2, 3층)
대표전화   02)2277-2800
팩스   02)2277-8945
이메일   msprint8944@naver.com

값 12,000원
ISBN 979-11-7439-047-9

본 책의 구성 및 맞춤법, 띄어쓰기는 작가의 의도에 따랐습니다.
이 책의 저작권은 저자와 도서출판 명성서림에 있습니다. 무단 전재 및 복제를 금합니다.
이 책 내용의 일부 또는 전부를 재사용하려면 반드시 저자와 도서출판 명성서림의 동의를 얻어야 합니다.
파본은 구입처에서 바꾸어 드립니다.

북항에서

소암 스님 열한 번째 시집

도서출판 명성서림

| 시인의 말 |

  80년대 말에 시집을 낸 후 36년간 열한 권의 시집을 내게 됐습니다. 어려운 시절을 함께 한 인연 있는 분이나 인연이 없는 분이나, 시절 인연의 동지이며 도반들의 덕택이라고 믿습니다.

  60년대 초 어릴 때 떠난 고향 부산진 북항의 동네에 60년 만에 돌아오니 감회가 무량합니다. 어릴 때 같이 놀던 동무들은 보이지 않고 동네마저 옛 모습이 많이 변했으나, 동네를 오르내리면서 추억과 자취를 더듬으며 향수에 젖기도 합니다.

  이 시집은 옛날 고향을 되새기는 추억의 앨범이고 앞으로 나아가야 할 길을 생각하는 마음의 이정표 같은 시입니다. 한반도의 남쪽 끝 부산에서 육로로 남북을 관통해 자유왕래하며, 바다로는 북극항로를 잇는 허브 해양도시가 되기를 손꼽아 기다립니다.

  전쟁 없는 세상에서 살고 싶습니다. 기후 변화의 재앙을 막아 자연과 하나가 되고 싶습니다. 인류촌과 모든 존재기 차별 없는 평화와 사랑이 충만하기를 소원하며, 이 작품들이 널리 읽히기 바랍니다.

                2025년 중추절 부산 북항의 수정산 언덕에서

소암 두손 모음

시인의 말   5

제1부 · 무욕의 땅 욕지도

안개 자욱한 임진강	12
삶이 그대를 속일지라도	13
간월암에 가면	14
추사와 초의	15
달하 노피곰 도다샤	16
풍신風神 1	17
할매의 팬덤	18
가을이 오면	20
가을 빗소리	21
가을편지	22
가을이 가네 2	23
가을바람	24
무욕의 땅 욕지도	25
차 한 잔, 술 석 잔	28
나의 조국 나의 어머니	30
어느 커피 마니아에게	31

차례

제2부 · 코로나19 여왕 폐하

코로나 풍경	32
삼색 코로나	33
코로나19 여왕 폐하	34
저승사자 코로나19	37
시인의 죽음	40
백이십 세 조주 선사는	42
상사화	43
봄 봄 봄	44
봄 동산	46
진달래 2	47
봄이 온다	48
나무는 신이다	49
테스 메롱이	50
참새의 명상	52
고승의 행방	54

제3부 · 북항에서

북항 카페	56
북항 등대	58
흰여울 마을	59
영도 바다	60
송도의 추억	62
수정산 언덕에서	64
외솔배기	66
북항에서 1	68
북항에서 2	69
북항에서 3	70
망양로의 달	71
자성대에 올라	72
아이고 허리야	74
개구쟁이 동무	75
수정동 뻐꾸기	76
수정동 고향	78
노숙자	80
그냥 갈 수 없잖아	82
첫사랑	84

차례

─ 제4부 · 아무도 가 보지 않은 길

서산 대사와 빨치산	85
복희 누나	86
모든 엄마는 위대하다	88
아무도 가 보지 않은 길	90
무재칠시	92
떡 파는 할머니	94
풍신風神 2	96
오대산 열목어	98
디엠지DMZ	99
장산곶매	100

제5부 · 채식주의자

채식주의자	101
민락동행	102
작가 한강	104
한강으로 빛나라	106
그건 너 그건 너 때문이야	109
화엄일기 1	111
화엄일기 2	114
화엄일기 3	116
화엄일기 4	118
화엄일기 5	119
공수래 공수거	120
아홉 번 덖음 차	124
시절인연 2	127
시절인연 3	128
바보 동생	129
꿈길	132

시평   133
시로 빚어낸 마음의 달 - 윤소암 시의 의미(김경복)

안개 자욱한 임진강

사랑은 참는 것
사랑은 기다리는 것
누군가 말했다 한탄강 임진강 넘으면 바로
북한 땅 개성 고려국이건만
일흔 일곱 해 동안 다리가 없어
물살 센 저 강을 건너가지 못하네
비무장지대에는 철새가 날으고
이름 모를 풀들이 우거졌네
임진강 메기와 자라도 남북을 오가면서 헤엄치네
무엇이 가로막아 철조망과 지뢰가
밤낮 잠 못 잔 남북군인들이 눈을 비비고
적진을 향해 쏘아보고 있는 비무장 평화의 땅
임진강물은 소리 없이 굽이치고 새들은 남과 북을 오가며 날고 있는
저 포화가 멈춘 땅을
오늘도 임진강은 안개 자욱이 묻히고

삶이 그대를 속일지라도

삶이 그대를 속일지라도 슬퍼하거나 노여워하지 말라*
내가 젊었을 때 암송하며 항상 생의 용기를 얻었다
28년 전 러시아고려인 강제이주 60주년을 기념해
15일간 문화역사기행의 마지막 날
푸시킨의 상트페테르부르크의 옛집을 찾아 감회가 깊었다
아까운 나이에 비명으로 간 러시아 국민시인
푸시킨 시인은 하늘에 올라 영원한 러시아의 별이 됐다

* 러시아 국민시인 푸시킨

간월암에 가면

충청도 서산 땅 간월도에 가면
백 년 전 석화를 드신 도인만공이 보인다
바닷 속의 외로운 섬
한 떨기 핀 연꽃이 활짝 핀 지상천국 연화도
물이 차면 바다 속의 섬
물이 빠지면 갯벌을 걸어서 갈 수 있는
달을 보라는 간월도
중생들은 달은 보지 못하고
달 가리키는 손가락만 보는 간월도 암자에
오늘도 내일도 만공도인의 무언설법이 기다린다
마음의 달을 보아라

손가락을 보지 말아라
간월도에 반달이 걸리고 석화는 살이 찬다

추사와 초의

추사와 초의는 동갑으로 신분사회가 심했던 당시
귀천을 가리지 않고 평생의 벗으로 삼았던 두 분의 우애가
지극했다 절친 친구가 둘만 있어도 고해 세상을 살아갈 만
하다 예나 지금이나 이해관계로 살아가는 중생들이다
어허 세상에 친구가 많아도
고락을 같이 하고
생사를 같이 할 친구는 없으니
경허선사는 진정한 친구 둘만 있으면
세상과 바꾸지 않겠노라

달하 노피곰 도다샤

  달하 노피곰 도다샤 정읍사 신라 향가
  70년 초 봉은사 법정 스님이 나한테 정읍사 원문을 아느냐 물었으나 금시초문 동아일보 유명 칼럼 시사여화에 쓴 법정스님 글을 읽고 신라 향가를 공부하게 만들었다 제망매가도 천년이 지난 (지금도) 애틋한 남매의 사랑이여
  지금도 내 마음 울리네

풍신風神 1

열흘 폭염 가뭄에 타들어가는 땅
오늘 바람의 신이 강림한다
서울은 느닷없는 폭우 쏟고
부산은 솔솔 바람이 거세다
삼신三神 가장 강렬한 불의 화신이 노하면
삼년가뭄에 화염지옥 내리고
대지는 펄펄 끓는다
오늘 삼재팔난을 잠재울
비의 신과 바람의 신이 왕림했다
대지는 살아나고 생명은 기운을 얻는다
태양신이여 비의 신이여 바람의 신이여
화신 우신 풍신의 세 신이여
만물을 살리고 만물을 죽이네
창조와 유지 파괴의 성주괴공은
인간의 생로병사 같은
끝없는 변화와 윤회라네

할매의 팬덤

태풍 한남노가 가고
난마돌이 온다는 저녁
일본열도 강타라는 뉴스에
언덕길을 내려오다
팔십 넘은 할매가 태풍에
화분과 채소 심은 큰 통을
문 앞에 진열하고 진지를 구축했다
태풍이든 적이든 오지 말라며
당신만의 성을 쌓았다
문득 문통 정권의 팬덤 정치가 생각났다
아군이든 적군이든 나를 따르는 자
나의 성에 들어오고
내 편이든 네 편이든 나를 따르지 않는 자
나의 성에서 나가라
평생 야트막한 언덕에서
혼자 사는 할매의 성
누구든 침범할 수 없는
성역이다

폭풍이 불어도 폭우가 쏟아져도
할매는 성 안의 여왕이다
열 평 안팎의 작은 성의 군주시여
건강하시고 성성하시라 마음속으로 빌었다

가을이 오면

뜨겁던 시절 지나고
푸른 옷 벗고
아름답던 시절 지나면
우수와 별리의 계절
까마귀와 기러기 떼 날아오고
억새도 소리 내어 우는
그날이 오면 나는 떠나리라
북쪽 만리 벌판 황야에서 울부짖는
예수나 혹은 광인이 되어
주인 없는 땅을 배회하리라
사람도 집도 없는
근심걱정 없는
허허벌판에서
소리 내어 울리라
인적 없는 벌판에서
길을 잃어도
심연의 깊이를 모르는 밤하늘의 은하수 보면서
끝이 없는 길을 걸어가리라
이 생명 다하도록
걷고 또 걸어가리

가을 빗소리

후드득 가을 빗소리
황금 잎새 떨어지고
까치밥 홍시 몇 개 남았다
붉고 푸른 옷 벗고
산하는 흑백으로 남았다

찬 개울물에 발 담그고
먼 산 쳐다본다
이맘때 산골마을은 가을걷이 끝나고
빈 논밭에 까마귀 떼 우짖는다

가을볕에 고추 붉어 가고
허리 아픈 어머니 잔기침소리
가을은 깊어 간다
가을 빗소리 내 마음속 우수가
깊어 간다
겨울이 오기 전 나는
산 숲속의 낙엽 밟고
석간수 샘물 길어
늦가을 비 맞고
뜨거운 차 한 잔 하리라

가을편지

오래 못 만난 친구에게
가을에 편지를 보내면
가을바람이 전해줘요
만 리 허공을 비상하는 기러기 편에
소식을 전해와요
우리가 만났을 때 피 끓는 젊음이었죠
봄이 오고 가을 겨울 보낸 지 몇 해인지 헤아릴 수 없어
귀밑머리 서리가 내리고 검은 머리 흰 머리되어
옛 친구 생각하네
가을 찬바람에 헤어진 친구를
가을바람이여 북풍한설 오기 전에
기다리노라 내년 봄 제비 올 때
친구 소식 실은 박씨를 물어오라고 빌었네
친구 소식을 들려다오

가을이 가네 2

가을이 가네
먼 산 숲속 만산홍엽 불타는 내 마음속으로
지난여름 정염의 바다에서 허우적거린
추억은 뒤로 하고
정든 임과 헤어져
눈꽃 피는 겨울나라로 가네
세상은 허무하고
인생은 덧없이 흘러가네
찬 서리 내리고 앞뜰의 홍시는 익어
까치들이 쪼아 먹어도
한 폭의 산수화
앉아서 가을을 전송하네
헤어진 그 사람 내년 이맘때
다시 올까 기다리네
떠나가는 가을 여인의 뒷모습
멀어져 가네
뱃고동소리 울리며

가을바람
- 이형기 시인을 추억하며

종로거리를 트렌치코트 입고
가을바람이 낙엽 쓸어가듯
찬바람에 깃 세우고 가는 가을 남자
우수에 찬 비틀거리는 걸음걸이
나는 그만 눈물이 났다
가을에 떠나면 언제 다시 오려나
태평양 물은 아득하게 멀어져가고
빈 허공에 구름 한 점
흘러가네

무욕의 땅 욕지도

남해의 보물섬 통영에서
욕지도 가라
신석기시대 패총 돌칼이 있는
옛 가야의 땅 욕지도
조선조 말에 비로소 사람이 살고
6.25 이후 월남 피난민의 파라다이스

욕지도는 세상 욕심 다 버리고
소욕지족
소욕안빈
청빈낙도의 하늘나라 꿈꾸는
사람들이 모인 이 땅의 샹그릴라

그 옛날 한 노승이 제자와 지나가다가
'연화장 극락세계를 알고자 하는가
그 처음과 끝을 부처님께 물어보라'.
欲知蓮花藏世界 頭尾於世尊
그래서 욕지도다

주변 섬에는 연화도 세존도가 있고
수군이 머물던 요충지
고구마 첫 재배지
청정한 해변에 물고기의 천국

땅이 적어 농사가 부족해 욕지도
욕심이 적은 사람이 살기에 좋은
전쟁 질병 관재구설 삼재팔난이 없어
소욕지도 대욕지도

여기는 마음이 맑고 지혜로운 사람이 머무는 곳
세상 욕심 많고 의욕이 넘치는 자
능히 살 곳이 못 되리니
이곳은 무욕의 땅
이 세상 욕심을 다 버리고
하고 싶은 것 다하고
더 이상 할 것이 없는 '무여열반'
평화의 땅 해탈 자유의 땅이러니
하늘나라 꿈꾸는 자여!

천당극락 가는 자여!
혹은 이 세상 고통 다 여의고
천년왕국 불로초의 제왕은
그곳에 가면 이뤄지리
거기 가면 만나리라.

차 한 잔, 술 석 잔

70년대 인사동에서 놀던 무산오현 스님
홀연히 설악산에 들어 자리 잡고
하루에 차 한 되 술 한 말 마셨네
밥은 한 끼면 족하고
쉴 새 없이 터지는 사자후에
온 산중이 놀라고 정신이 번쩍
그로부터 삼십여 년 차 마시듯 술 마시듯
설악산 맹주로 혹은 길 잃은 나그네 길잡이로
밤낮을 보내었네
80년대 마왕이 한바탕 세상을 시끄럽게 하고
설악산에 숨어들어 자취를 감춘 뒤

만해선사가 동학군으로 입산수도하고
독립만세를 외치며 대장부 일대사를 마쳤으니
무산오현은 만해선사의 꿈과 혼을 살려
기념관 짓고 천하문인묵객들의 성지 만들었네
만세를 부르던 만해 평화는 세계로 뻗어가
세계일화 되었네

무산오현이 머문 자리에는
왕후장상이나 지나가는 거지도 다름 없었네
차 석 잔 술 한사발이면 천상극락이거니
무엇을 더 바랄까
술꾼 차꾼 시인 도인으로 산 한평생

그는 남자도 여자도 어른도 어린이도
잘난 사람도 못난 사람도 선인도 악인도
한낱 한 시대 살아가는 이웃이고 벗일 뿐이었네

무산오현 선사 오늘 밤에는 어디에 머무시나
도솔천 내원궁 부처님 곁에 계시는가
아니면 죄짓고 지옥에 간 중생구제 위해
지옥문에 서 계시는가
무산오현 선사여
진흙 속에 붉은 연꽃 피어나고
불 화로에 백설이 나부끼네

나의 조국 나의 어머니

반만 년 역사 나의 조국
태양은 붉게 타오르고
달빛은 푸르게 비치고
어머니 태어난 이 땅 이 겨레
아버지 자라난 금빛바다
찬란한 노을빛 하늘가
오곡은 풍성하고
천년소나무는 말없이
이 땅 이 겨레 지키네
아름다운 사람이 사는 금수강산
행복한 사람들이 사는 내 나라 내 조국
전쟁 없는 평화 세상
차별 없는 인간사회
사랑하는 어머니 고향이여
사랑하는 아버지 조국이여
눈부신 햇살 아래 빛나라
별빛이 영롱한 밤하늘에
영원토록 번영하리
사람 사는 세상을 이루리
나와 너 우리들이 함께 이루리

어느 커피 마니아에게

  저녁에 범일동 하삼정 카페에서 카푸치노 한 컵 마시고 가져간 잔에 곤륜산 야생국화 뜨거운 물 부어 마시면 황금빛 색과 히말라야 향기와 맛이 환상적입니다 10년 전애 처음 맛보고 한양대 교수가 한 통 선물한 것 그동안 다 마시고 작년 인사동에서 누가 선물한 것을 가끔 갖고 다니면서 마시는데 허브차로는 최상급
  며칠 전 카페에서 다즐링 차 보통급은 족탈 불급이라네

코로나 풍경

코로나 태풍이 휩쓸고 지나가는 거리
사람들은 문을 꼭꼭 닫고
말없이 말하고
말없이 듣는다
이심전심
석가모니가 제자 일천을 모아놓고
불법을 물었지만
오직 가섭만 빙그레 웃었다
코로나가 산 목숨 죽이는
사나운 백두산 호랑이처럼
물고 뜯고 발기발기 몸뚱이를 찢어 놓아도
산은 산이고
물은 물이다
태산은 의연하게 빛나고
큰 강은 소리 없이 흐른다.

삼색 코로나

어제는 우울한 블루 코로나
오늘은 분노 레드 코로나
내일은 좌절 블랙 코로나
모레는 위기의 옐로우 코로나
일 년 후 화이트 희망의 코로나
코로나여! 코로나여!
나의 사랑 코로나여!
사랑이니까 멀리 떨어져
그대와 만나세
그대는 너무 뜨겁다
번개와 천둥으로 내 목젖을 타고
순식간에 무너뜨리는 토라의 망치
이 세상이 그대의 발아래 엎드렸다
코로나여 노여움을 푸시고
물처럼 바람처럼 우리 곁에 머무소서
봄날의 아지랑이처럼 멀리서
바라보게 하소서
코로나 여신이시여!

코로나19 여왕 폐하

황금색 호화찬란한 옷을 몸에 두르고
머리는 붉은 장미 백만 송이 화관을 쓴
다이아몬드 귀걸이에
파란 사파이어 목걸이
손가락마다 붉은 루비
팔뚝에는 둥근 비취 팔찌
발목에는 동해 용왕의 백 진주
옷깃을 헤치면 곤륜산 백옥 같은 살결
구름 같은 머리털이 한번 바람에 휘날리면
이 세상에서 맡을 수 없는 감로향 사방에 퍼지고
양귀비보다 더 풍만한 몸매
수양버들보다 더 가는 서시 허리
미간은 서시 닮아 늘 찡그리고 볼웃음
수심이 가득한 왕소군 눈동자여
섹시한 엉덩이는 마릴린 먼로
아프로디테가 울고 갈 미모
샤넬 NO.5를 뿌리고 나타난 그녀

이 세상 힘깨나 쓴다는 사내들
헤라클레스의 무쇠 방망이 괴력과
역발산 항우장사 영웅 알렉산더도
클레오파트라의 애인 카이사르와
천하무적의 여포나
정복자 칭기즈 칸과 손자 쿠빌라이 칸

한 무제 티무르 악바르 대제 역시
경국지색 양귀비의 숨은 연인 안녹산
데릴라에 빠진 삼손
옹녀에 놀아난 변강쇠나
코로나19 여왕 폐하에게 무릎 꿇고
제발 한 목숨 살려달라고
이 한 몸 다해 충성 바칠지니

코로나19 여왕 폐하이시여
부디 노여움 푸시고

수천 년간 여성들에게 못된 짓 일삼은
남성들을 용서하소서
남성 씨앗을 남기소서
인류사 일부다처제에 희생된 여성들
야생 큰 수컷 짐승이 암컷을 거느렸듯
스페인 미 영국 등 제국주의자들의 원주민 남성

멸종 전철을 밟게 마소서
자애로운 어머니 코로나 여신이여
코로나 백만 송이 장미 화관을
머리에 쓴 성모 마리아여
십일면보관을 쓴 관세음보살이여
메두사 무시무시한 여신이시여!
진노의 화를 거두소서

저승사자 코로나19

 옛날 옛적 힘이 센 역발산 대장군이 있었다 어느 날 장군이 유명한 고승이 있다고 해서 찾아갔다 왈,

 "천당지옥이 있습니까 혹시 없는 것을 만든 건 아닙니까"

 장군이 수십만 명을 거느리고 전쟁에 나가 숱한 공을 세워 눈에 뵈는 게 없었는지라 대중들이 사랑하고 존경한다는 승려를 만나보니 초라하기 이를 데 없어 장군이 아무 말도 못하는 승려를 무시하고 자리를 박차고 일어나는 순간

 "장군! 그대는 영웅이 아니라 졸장부요?" 하는지라 장군이 자기를 모욕하는 승려에게 화가 머리끝까지 나서 칼을 빼서 목을 치려는 찰라,

 "장군! 지금이 지옥이오," 소리치니, 그 말을 들은 순간 장군은 정신이 번쩍 들어 칼을 집어넣었더라 승려가 또 말하되,

 "장군! 지금이 천당이오," 소리치니, 장군은 그제야 '천당 지옥이 내 마음에 있는 것이구나' 하며 승려에게 절을 하며 무릎 꿇었다는 이야기.

 코로나는 아무것도 아닌 눈에 안 뵈는 미세한 바이러

스에 불과하지만 사람을 능히 죽이고 능히 살린다 인류는 21세기 첨단과학시대로 우주를 맘대로 날고 백세장수를 누리고 제왕도 꿈꾸지 못한 엄청난 부귀영화를 누리고 세계를 맘대로 누비고 다니지만 바이러스 세포 하나에 꼼짝 못한다 돈과 기술 명예와 사랑과 연중 꽃이 피고 젖과 꿀이 흐르고 향기로운 산해진미가 가득한 천년왕국에 살고 있는 신의 아들딸들이 먼지보다 작은 코로나에 쩔쩔매고 있다 무시무시한 핵폭탄도 온갖 독한 화학무기도 코로나에 손들고 있다 제국주의 황제인 트럼프도 푸틴도 백만 대군을 호령하는 제국주의 육해공군총사령관도 세계 갑부 빌게이츠도 먼지보다 가벼운 코로나에 손을 들었다 세상을 들었다 놓았다 하는 장군도 영웅도 한 푼의 가치가 없는 쌍것 중의 쌍것 더럽고 추악한 발바닥보다도 더 아래인 개돼지보다 못한 병균 투성이 잡것 천민 민중 쌍놈의 더 아랫것 야생 빨치산 코로나에게 머리를 조아린다
  무릎을 꿇는다
  목숨을 구걸한다

제발 금은보화와 가진 것 모두를 내어놓을 테니 코로나 신이여 혹은 코로나 귀신이여 물러가소서!

잃을 게 많은 사람들은 코로나 앞에 몸을 떨고
잃을 게 적은 사람들은 코로나 앞에 당당하니
있을 때 잘해

시인의 죽음

　죽은 시인의 사회인가
　시인이 죽은 날
　나는 소리 없는 통곡을 했다
　대 시인 청마 유치환이 60년대 50대의 나이로 가고
　곧 뒤를 이어 조지훈 시인이 가고
　한참 뒤 70대 나이로 가신 이형기 시인
　그 친구인 김규태 시인도 몇 해 전 도솔천 내원궁으로 올라가셨다
　종로거리를 백마 타고 흰 도포 자락 휘날리며 걸어가신 조지훈 시인
　단정한 양복 입고 부산진 도로를 바람에 나부끼는 깃발만 보고 걷던 청마 시인
　프렌치코트 걸치고 종로거리를 쓸쓸히 낙엽 밟듯 사자의 갈기 세우고 표표히 거닐던 이형기 시인
　무심하게 시를 쓰고 바둑을 두고 불의를 질타한 송골매의 눈 김규태 시인도 이제는 볼 수 없다
　때로는 신문사 편집실에서 때로는 퇴근 길 목로주점에서 가끔은 경주 남산의 암자에서 만난 시인들의 자취는 사라졌으나 시의 여운이 남아 오늘 다시 향을 맡는다

흔적이 없는 자취는 허공에 남고
향이 없는 시향은 내 가슴 속에 살아있네

백이십 세 조주 선사는

조주선사는 80세에 도를 깨닫고 120세에 입적 타계하신 분으로 80까지 수행하고 40년을 중생교화에 나섰죠

우연인지 100년 전 모택동 2인자인 프랑스 유학파 주은래의 스승 허운 스님도 120세까지 사신 분으로 황제 권력의 모택동이 불렀으나 거절하고 모택동이 반대로 자신을 찾아오라고 했죠

해인사 성철 스님도 박정희가 만나자고 했으나 거절했죠

백이십 세 조주 선사는

백이십 세 허운 선사는

팔십 세 성철 스님은 왜?

상사화

붉은 핏빛 상사화 꽃무릇을 보았느냐
너는 시뻘건 심장을 꺼내어
악마대왕에게 준적이 있느냐
구월에 피는 상사화는
천 년 전에 죽은 임을 못 잊어
매년 환생하고 부활한다
적막한 인생살이에 꽃과 잎은
서로 보지 못하고 이별이네
나와 너 그와 그녀 우리는
왜 사랑으로 만나지 못하나
만나면 이별하고 돌아서니
눈물이 강을 이룬다
우리는 죽어 어디에서 다시 만나리
붉은 꽃으로 환생할까
푸른 잎새로 부활할까
혹은 창공에 훨훨 나는
한 쌍의 파랑새로 만날까

봄 봄 봄

죽은 듯 얼어붙은 생강나무
말라비틀어진 저 산수유에
노란 생명의 싹이 돋는다
봄 마중 하듯 샛노랑 꽃술이
머리를 내민다

얼음과 눈으로 덮인 저 계곡
개구쟁이들이 백구와 놀던
저 뒷산 들 논밭에서도
파아란 어린 쑥 냉이 돌미나리
부스스 잠깨 눈 비빈다

아지랑이 너울대는 내살던 동네 보리밭
종다리가 하늘 땅을 솟구쳤다 낙하하고
천지에 봄이 왔다고 노래하네
아직 뒷동산 진달래 꽃소식은 없다네

봄꽃은 재촉 안 해도 피어나고
봄바람은 비단결 춘풍이라네

봄비에 가랑잎 적시듯
내 옷이 적셔도 근심할 것 없네
봄비 오면 그리운 임 오리니

봄 동산

진달래 피는 동산에서 피리를 부노라*
저 너머 구름 흘러가는 아득한 곳
사랑하는 임이 기다리며
손짓을 하네
추억은 꿈결 속으로 잠이 들고
연분홍 새악시 볼우물에 침이 고이노라

* 박목월 시 '4월의 노래' 일부

진달래 2

봄이 되면 연분홍 진달래 피는
언덕에 서서
가신 임을 생각한다
핏빛 꽃잎 입에 물고
노래하고 춤추던 그 시절
사랑이여!

봄 동산에 연분홍 치마가
온 산을 휘날린다
해마다 봄이 되면
그 사람 생각나네
화전놀이에 고운 자태 뽐내던
임은 가고 진달래꽃 홀로 피었네
슬픔이여!

깊은 계곡 사이사이로
어머니 가슴 같은 산등성이에
올해도 어김없이 붉은 꽃 피고
새들은 노래하네
인생은 허무하고 덧없는 세월에
나는 홀로 소리 없이 우노라
진달래 분홍빛 그리움이여!

봄이 온다

지난겨울 추위로 피난 갔던
참새 한 마리 두 마리 세 마리
나지막한 전선줄 위에서 나를
찾는다
거기 누구 없소
짹짹거려 창문을 열고 참새를 본다
동지섣달 긴긴밤을 보내고
눈과 얼음 찬 바람맞으며
어디에서 둥지를 틀고 지냈을
어제 북쪽은 황금색 복수초
오늘은 남쪽에서 매화 소식
바람에 실려 왔다
설 지나면 입춘도 머지않았으리
삼동의 혹독한 추위도 물러가리
만 리 먼 곳에서 아지랑이 피고
종달새 지저귀는 보리밭 합창도
머지않으리
겨우내 언 강물 녹으면
소식 끊긴 그리운 임은 초록빛 융단 밟고 오리니.

나무는 신이다

백년도 못 사는 인간
수천 년을 사는 나무는
인간에게 말을 걸고 있으나
인간들은 나무들의 이야기를 모른다

나무는 인간 역사를 말없이 지켜본다
1억 년 전부터 살고 있다는
은행나무 소나무 자작나무 바오밥나무
수천만 년 전부터 살고 있는 상록수들

나무를 사랑하고 나무를 두려워하라
인간을 지켜본다

나무는 신이나

테스 메롱이

붉은 지붕위에
테스가 졸고 있다
그냥 가만히 앉아서 눈을 지긋이 감은 채
때로는 살금살금 엉금엉금 소리를 죽인 채
묵언수행한다
얼룩덜룩한 옷을 입고
봄이 가고 여름 지나고
가을 겨울이 지나도
우리의 테스는 정좌하고 있다
무엇을 먹고 어디에서 잠자는지 아무도 모른다
필경 저 지붕위에서 명상하는 테스는
전생에 틀림없이 수도승이거나 철학자였을 것
겨울이 지나고 지난 봄날
테스가 어디로 갔는지 보이지 않는다
테스는 어디로 갔을까 오리무중이다
누가 얼룩덜룩한 테스를 보시면 알려주시기를

나의 친구 테스는 어디로 갔을까
지난겨울 혹독한 추위에도

늘 빨간 지붕 위에서
나의 남루함과 고루함을 지켜보던 테스
어디로 갔을까 요즘 나의 화두다

세찬 비바람에도 세상의 사나운 파도에도
말없이 의연한 테스
테스는……

참새의 명상

참새 한 마리 날아온다
참새 두 마리 날아온다
참새 셋 넷 다섯이 날아온다
참새 열 마리 날아온다

참새 다섯이 열이 되고
참새 열이 스물이 되고
참새 스물은 서른이 되고
참새 서른은 오십이 되고

참새 오십은 마침내
백 마리 대가족이다

참새는 새벽이면 창가에 앉아 노래 부른다
한 마리 참새가 지저귀면
열 마리 참새가 합창한다

새벽이면 참새에게 모이를 던져준다
빨간 지붕위의 참새들은

푸드득 날아와서 혼돈의 밤을 깨운다
짹 짹짹 짹짹짹짹 짹짹
짹짹짹짹짹짹……

밤새 잠 못 이룬 번민과 불면의 밤
새벽이면 참새 떼가 몰려와
미망과 오욕의 나날을 허공에 날린다

참새는 흔적이 없다
날아오고 날아가고
종종걸음으로 다가와
작은 쌀알을 쪼아 먹고
홀연히 날아간다
아침이면 창문을 열고
바닷가 등대를 한번 쳐다보고
지붕 위의 참새를 본다
아침이면 참새와 나는
하나가 된다
산 숲과 바다와 구름은 말없이 듣고
참새는 종일 말하고 지저귄다

고승의 행방

당나라 정승 배휴가
어느 날 홍주 개원사에 갔다
벽화를 보고 승려에게 물었다
'벽화의 주인공은 누구인가'
승려가 말했다
'고승입니다'
'형상은 볼 수 있으나 그 고승은 어디로 갔나'
승려는 묻는 말에 아무 말도 못했다
배휴가 말하기를
'여기에는 고승이 없는가'
승려가 고승을 찾았다
배휴가 말했다
'벽에는 고승이 있는데 고승은 어디로 갔는가?'
고승이 말했다
'배상공!'
배휴가 '예'라고 답했다
고승 황벽 선사가 말했다
'고승이 여기에 있네'

배휴가 그 한마디에 크게 깨달았다
그 후로 의심하지 않았다

북항 카페

여기는 부산의 허파 중동구
백 년 전 관부연락선이 드나들고
부산에서 아름다운 동해안 금강산 지나
화진포 원산으로 혹은
평양 신의주 지나
압록강 철교 멀고 먼 만리 길 하얼빈 향해
기차가 달린 출발점이다
죽었던 북항이 되살아난다면
34도 폭염이 기승부리는데
여기 중구는 사람들로 북적인다
넓은 유리창에 비친 천태만상 인간행렬이 장관이다
젊은 사람 늙은 사람 여자 남자
오토바이 맨 손수레 끄는 사람
밤 9시가 되면 불 꺼지고
인적 드문 거리에
이곳 중구 카페거리에는
사방으로 트인 사람 물결
잠들지 않는 깨어있는 부산 북항 1번지
남북이 가로 막혀 천릿길

북항 항로 트이고 남북왕래 하고
만 리 길 하얼빈 중앙아시아

유럽으로 십만 리 길 철도로 떠나
꿈의 항로 희망의 미래가 보인다
북항이 열리는 그 날을 위하여

북항 등대

나 어릴 때 살던 북항
태평양으로 나가는 바다
산위에서 쳐다보면
아득하고 아득하다
끝을 모르는 수평선
낮이면 뱃고동 소리 들리고
밤이면 등대불이 붉고 푸르다
남항의 넓은 바다가 좁아
북항의 바다 시대가 열린다
앞으로 길이 열리면
직선으로 불과 1킬로도 안 되는
언덕길 내려가 해안가 도로를 걷고
백 년 전 아버지 어머니 아저씨 아줌마가 걷던
그 길을 걷고 싶다
그 길에서 바다와 배
사람과 강아지 낭이도 만나고 싶다
고향의 공기와 숨결 느끼고 싶다
사람 사는 향기 맡고 싶다

흰여울 마을

  부산 영도 아름다운 마을 흰여울 오늘 한 시간 반 동안 산책했다 부산에 살면서 변두리인 영도 해안가 실향민 마을인 여울문화마을에 못 갔다
  오늘 더워 산허리 집과 골목길만 나중에 해변을 걸어봐야 겠다
  태평양이 보이는 영도 흰여울은
  오늘도 내일도 아름답다
  평안하다
  행복하다
  갈매기 날고 화물선 보이는
  하얀 손수건 흔드는
  영원한 노스탈쟈여

영도 바다

영도대교 보이는 바다찻집에서
바다를 내려다본다
바다는 잔잔한 물결로 일렁이고
끝없는 비단 파문을 일으킨다
폭우 폭풍을 만나면 바다는
포세이돈의 신이 되고
아수라의 신으로 변신해
전쟁터가 된다

바다는 봄날 따스한 날에는
봄 처녀의 아름다운 미소를 짓고
여름날 태풍이 몰아치면
바다는 악귀로 울부짖는다
하늘과 땅 바다가 하나가 되어
세상을 뒤엎는다
살아있는 모든 존재를 삼킨다
큰 고래가 크릴새우 수백 만 마리를 한 입에 삼키듯이

간밤의 폭우가 지나간 오늘
바다는 잠잠하다
비단 같은 물결만 출렁인다
영도대교를 걸어가는
사람
자동차
낚시꾼
작은 고깃배
거대한 화물상선
갈매기
그리고 건너편 산허리도
오늘은 평화다

오늘은 행복하다
우순풍조에 국태민안이다
파란곡절이 되풀이되는 지구의 삶에서
오늘 같은 만파식적 천하태평이어라

송도의 추억

열대여섯 해 만에 송도에 갔다
8090년대 수없이 다니던 그 해변 고운 모래 밟고
나지막한 산비탈에 고즈넉이 앉아있던 백년고옥
산청의 수백 년 묵은 민 씨 집안의 집을 옮겨 지은
그 집 마루에 올라서면
어험~하는 금당 선생의 기침소리
삐걱이는 춘양목의 마루
혹은 송도 바닷가의 꿈결 같은 바람소리
백세노인 금당 차인의 차 따라주는 소리에
말없이 차를 마시고
말없이 듣네
이심전심으로 말을 하고
이심전심으로 말을 듣네

그날의 송도는 없고
속삭이는 해변 모래와
무심결에 부는 바람과
바다를 가로지르는 케이블카

높이 솟은 마천루
공사장 장비들만 웅성거린다

소리 없는 아우성인가*
깃발 없는 저 아득한 수평선.

* 청마 유치환의 시 「깃발」

수정산 언덕에서

   바다가 바라보이는 수정산 야트막한 언덕길 오르면 부모님 형제들 생각
   개구쟁이 어린 친구들 생각이 새록새록
   흙길에 지프차 한 대 지나가면 흙먼지가 일고
   영문도 없이 개구쟁이들은 차를 따라다녔다
   가끔 미군 짚차가 지나가면 헬로 기브 미 껌
   초콜릿을 외치면 추잉검과 초콜릿을 던져 주었지
   춥고 배고픈 시절 가난한 피난민들은 미군부대의 꿀꿀이죽도 받아먹고 원조 물자인 미제 분유 강냉이 죽은 생명줄이었다
   밥 먹는 것 걱정 없는 나는
   피난민 아들딸이 가져온 강냉이 분유 떡을
   쌀밥 도시락과 바꿔 먹었다
   피난민촌이 언덕밭떼기에 다닥다닥 붙어살던
   수정동 언덕고개 오늘 까치가 날고
   강아지 멍멍 길목마다 냥이가 진을 치고 있다
   밤하늘 달은 밝고
   바다 등대불은 붉고 푸른색으로 반짝인다

그 옛날 동무들은 다 어디로 갔을까
물 맑고 공기 좋은 수정 산 아래 옛 고향에서
동무를 찾는다

사랑을 찾는다
추억은 세월 따라 별이 되었다
그 많던 별들은 어디로 갔을까
오늘도 내일도
예전 빛나던 고향의 별들을 찾는다

외솔배기

　어릴 때 아버지 동네어른들이 말씀하던
　수정동 외솔배기 오늘에야 이 길을 걷고 찾았다
　아득한 신화로 남아있는 노 장군 이야기는 동네 어른들의 단골 메뉴
　팔척장신의 키에 신발이 항공모함 같아 맞는 옷과 신발이 없었다는 노 장군은 부산 사람들의 전설 속 영웅이었다
　신화를 풀면 역사가 되고
　역사를 잊으면 신화로 남을까
　오천 년 단군왕검 할아버지는
　신화로 내려오고
　가끔 후손들이 역사로 이끌어내지만
　추상적인 전설 신화에 머문다
　하물며 백 년 전의 이바구야
　십여 년 전 전설의 노 장군 전설을 마침내 실제로 알게 됐다
　노 장군의 친딸이 여류시인으로 나중에 입산 출가한 비구니 스님이고

부친이나 동네어른보다 연세가 훨씬 아래인
일제강점기 첫손꼽는 씨름꾼 노 장사
사람들은 영웅으로 공경했다
그 노 장군이 살던 수정동 높은 언덕의 외솔을 이바구로 즐기던 아버지 동네어른은 먼 길 가신지 오래 외솔배기 노송도 마을도 사라지고 차디찬 시멘트 빌딩만 우뚝하다네
나는 외솔배기 마을에서 할머니들과 전설의 흔적을 묻다가
한동안 말없이 그 자리에 발걸음을 멈추었다
수정 같은 맑은 계곡물이 쉼 없이 흘러내린 수정 동산
한걸음에 달려가면 바다에 닿는 북항
그 서쪽의 외솔배기에서
길을 잃었다

북항에서 1

바다가 보이는 망양로 언덕배기
북항이 보인다
망망대해 떠나는 뱃고동소리 들리고
저녁 갈매기 허공을 비상한다
어릴 때 뛰놀던 언덕은 사라지고
큰길가에는 자동차가 질주한다
눈물 젖은 빵 먹던 시절
육이오로 피난 온 사람들의 행렬
북청 물장수가 물 파던 긴 행렬
조국을 지키자는 보국대 행렬

북항은 말이 없다
등대불 반짝이는 칠흑 바다
그리운 어머니 잠든
고향에서
나는 말없이 바라본다
소리 없는 아우성*으로

* 유치환 시 「깃발」에서 인용

북항에서 2

창문을 열면 북항이 보인다
붉고 파란 등대불 비치고
파아란 태평양이 넘실대는
달려가면 금방 손에 닿을
내 고향 바다
갈매기 날고 동백꽃 피는
빛나는 물결 위에 새긴
어릴 때 추억을 찾는다
골목길에서 재기차고 구슬놀이 하던
그 동무들 어디로 갔을까
가죽장갑 끼고 야구공을 주고받던
명문학교의 형들은 어디에 있을까
청마 시인의 노스탤지어에 눈물짓던
여고 누님들은 어떻게 살까
이 밤에도 북항은 살아있다
나의 꿈은 아직 젊다

북항에서 3

안개끼인 북항
비오고 바람부네
반짝이는 등불 꺼지고
적막이 감도네
하늘에 먹구름 덮히고
가마귀울음 처량한데
뱃고동 소리 슬프다
먼 산에 눈 덮히고
산꿩은 풀숲에 숨는데
꿩포수들의 산탄총 온 산에 울리고
억새소리는 바람에 실려 우누나

망양로의 달

백수십 년 전 현해탄의 거친 물살 헤치고
관부연락선은 부산항에서 일본으로 떠났다
국제정세에 어두워 문을 꼭꼭 걸어 잠근
대원군 쇄국정책에 유림들은 환호하고
뒤를 이은 명성황후마저
일본에 적대적인 정책으로
그로부터 국제정세의 미아가 된
조선은 망국으로 가고 그토록 증오하던
일본의 사나운 식민지배 세력들은
개방과 교역에 걸림돌이던 명성황후를 시해하고
개화정책의 개혁세력들은 3일천하로 종말
무주공산의 조선 대한제국이었다
강대국 제국주의에 주권을 빼앗긴
이 나라 백성들은 땅을 치고
하늘을 우러러 호곡했으나
빈 메아리뿐 아무도 없었다
수천 년을 지킨 수호신도
하늘 땅도 백성도 무주공산이 된 슬픈…

자성대에 올라

부산에서 평생 살아도 아직도
못 간 곳 많다네
무관심이거나 마음이 힘들어서거나
오늘은 불현듯 엎어지면 코 닿을 듯
자성대에 올라 한 바퀴 돌았다
그 옛날 황금 보기를 돌같이 하라!
만고충신 최영 장군이 왜적을 여러 번 물리치고
오르신 부산진 수군지휘소에 올라
부산 앞바다를 굽어보시고
태종이 왜적을 막기 위한 수군 진영을 짓고 축성한 역사 유적

누각
옆에는 명나라 장수 천만리가 임진왜란에 큰 공을 세우고 그대로
이 땅에서 여생을 보낸 기념비
사백 년 전 그 옛날 노도와 같이 밀려온
십만 왜군에 맞서 싸운 정발 장군 송상현 부사 윤홍신 장군 외 수많은 장병들 백성들 의병들이 희생된 바다에는

그 날의 붉은 피는 붉은 동백 꽃송이
붉은 태양으로 솟아올라
오늘도 내일도 말없이 비춘다

이 나라 삼천리강산을 죽음으로 지킨
최영 장군의 넋이여
하늘에 계신 선영들이여
이 나라를 보우하소서
이 나라 백성들을 굽어 살피소서.

아이고 허리야

부산 국제시장 못 미쳐
80년대 여름의 뜨거운 거리에서
부산 민주화의 성지라는 가톨릭센터 아래
보수동 헌책방 골목 지나
서민들 사는 비탈길 위 중부교회
이곳은 외로운 이들이 많이 살던 곳
메리놀 병원 지나서 대청동
버스가 그곳 통과하면
방송이 들려온다
아이구 허리야
아이구 어깨야
알고 보니 한의원의 광고 멘트
70년대 떠돌다가 추운 겨울
대청동 비탈의 암자에서 지낸 젊은 추억이
이제는 내 나이 허리도 어깨도 늙었다
80년대 불같은 정열로 거리투쟁 하고
황혼의 들녘에서 지는 해 바라보며
말라빠진 들국화 향기 맡는다
말라빠진 허리며 정강이뼈 어루만지며

개구쟁이 동무

　김용진溶珍씨 1902년생 진주 출신의 민주당 재선의원이며 체신위원장

　역임한

　나의 아버지와 동갑 바둑친구였다 진주가 고향 지역구인 김용진 의원은 처자식이 부산동구 경남여고 앞의 일본 목주주택에 살면서 부산에 오면 그 집에 머물렀고 부친과 반드시 만나 바둑을 두며 세상이야기를 나누었다 키가 훤칠한 김 의원은 항상 한복두루마기를 즐겨 입었다 막내아들 김상근은 나와 동갑으로 동네에서 같이 놀았던 친구

　오늘은 개구쟁이 어린 동무들이 보고 싶어라

　코 흘리게 동무들 다 모여라

　꿈속에서 만나려나

수정동 뻐꾸기

오늘 첫새벽 동이 트고 날이 밝자
뒷산에서 뻐꾸기 울었다
얼마만인가
육 년 전 경기도 산 밑에서 지낼 때
이십 년 전 부산 금정산 언덕에서
밤의 소쩍새와 낮 뻐꾸기가
번갈아 울었다
슬프고 정겨운 소리
옛날 옛적부터
우리네 마을에서 늘 듣던
기쁠 때와 슬플 때
할아버지 할머니 돌아가신 시골 산소에서
야트막한 뒷동산에서 늘 듣던
정겹고 피맺힌 소리가 아니더냐
어느 시인은 귀촉도 귀촉도라고
누구는 솥 적다 솥 적다라고
기쁠 때나 슬플 때나
우리 마음을 위로해주던
유년시절 고향 음악

순이 누나 서울로 시집갈 때도
젊은 아들 전쟁터 갈 때도
사랑하는 임과 헤어질 때도
굶주림과 질병에 인생적막일 때도
옛날 옛적부터 듣던
우리네 마음 깊숙한 곳에서
터져 나오는
그 맑은 소리에 잠을 깼다
잠든 영혼을 일깨우는
우리네 잃어버린 마음의 고향
할머니 할아버지 아버지 어머니가
꿈결에 들려주는 그 소리
낮 뻐꾸기 밤 소쩍이

수정동 고향

오늘 코로나 여왕 폐하의 하명에 따라
4차 백신 접종 후 길 가다가
'저 위로 올라가나'는 정겨운 아줌마 말에
아저씨 오토바이가 부르릉 소리를 냈다
옛날 이모 같고 고모 같고 이웃집 누님 같은
정겨운 목소리

재작년 비탈길 오르내린 90 다 된 호호백발 할머니 종이박스 수레를 밀어줬더니 힐끗 쳐다보며
"시님요 어데 사는교"
무명 삼베 풀 먹인 빳빳한 백만 원짜리 먹물 옷은 복이 없어 못 입고 한 벌에 오륙만 원짜리 허름한 개량한복 비스무리 한 옷 걸친 나를 알아보신 구십 할매가 혹 문수보살화현일까

지금도 생각한다

옛 고향집은 사라지고 옛날 그 길 느티나무에서 참새들은 짹짹 노래 부르고 강아지는 멍멍 냥이는 야옹 야옹

반달이 떠있는 사이로 구름이 지나간다

밤 모기는 윙윙거리고
낮 잠자리는 모기 찾아 눈이 초롱초롱
뜨거운 해는 중천에 쨍쨍 산비탈 이름 없는 열 평 오두막 암자에서 발을 씻는다

노숙자

11월 12월의 나무는
옷을 벗는다
봄부터 늦가을까지
무거운 옷을 입고 있던
노랗고 푸르고
검고 갈색이나 혹은 붉은 색깔의 옷
감나무 떡갈나무 은행나무도
버드나무 오리목도
잎새 넓은 플라타너스나 작은 잎새의 은사시나무도
뒷산의 밤나무와 앞뜰의 후박나무도
예전에 보았던 동숭동 서울대학교정의 마로니에도

겨울은 나무에게 휴식이다
연중 햇볕을 쪼여 광합성으로 가지는 뻗어나가고
줄기와 몸통은 굵어지네
뿌리는 부지런히 물을 빨아들이고
몸 전체에 하얀 혈액을 공급한다네
낮이 되면 일하고
밤이 되면 휴식이다

겨울이 되면 온몸을 떨쳐 익숙한 것과 작별한다
새로운 해의 새로운 인연을 만나기 위하여
나목은 벌거벗은 채 눈과 세찬 비바람 맞는다

겨울 나목은 시퍼렇게 눈이 살아있다
붉고 파란 맥박이 뛴다
언제인가 봄이 오면 벌거벗고 바닥에 누운
몸을 일으켜 생명이 숨 쉬는 더 넓은 벌판으로 가리라
누구나 차별 없는 광장에서 혁명을 외치리라
햇빛은 눈부시고 대지는 맑고 차디차다

그냥 갈 수 없잖아

　80년대 후반 광주항쟁의 여파로
　민주화운동이 불꽃같았던
　부산 거리에 음식 맛이 걸쭉한
　부산포에 가면 어김없이 파이프 물고
　빵모자를 쓴 백발 노신사가 있었으니
　키가 크고 우람한 몸통 나지막한 저음
　눈빛은 한없이 자애로운 일명 먼 구름 선생
　부산시 광복회장으로 소싯적에는 만주 벌판 누비며 못된 이리떼를 소탕하던
　백두산 호랑이 독립투사로 이름 떨친 어른
　독립군가를 지어 나라 잃은 백성들 사기를 높인
　민족 음악가로 기억되는 독립군 영웅
　소탈하고 호탕한 그 어른은 항상 말이 없고 파이프 연기만 내뿜어
　박정희 전두환이 민중을 핍박하고 고문해도
　말없이 고뇌에 찬 불콰한 낯빛
　흘러가는 하늘 먼 구름만 쳐다보신 무심도인

임은 가셨어도
오늘도 무심한 갈매기 날고 있는 부산포에는
아직도 '그냥 갈 수 없잖아!'만 남아 추억을 달랜다

아! 먼 구름 선생님
가슴 먹먹한 이 마음
부산 갈매기가 알아주려나

첫사랑

희끄무레한 하늘에서 눈 내린다
백 년 동안 만나지 못한 그 사람
오늘은 보고 싶네
세파에 시들고 나이 먹어도
그 사람 언제나 그 자리에 웃고 있네
기나긴 밤 번민으로 지새우고
잠 못 이룬 날
나는 한 마리 파랑새 되어
만 리 창공을 날고 싶네
그 사람 만나지 못했지만
마음은 늘 겨울에 피는 함박꽃으로
남아있네
세월이 흐르고 바람이 불고
비 내리고 흰 눈이 내려도
내 마음은 한 점 홍로점설*이거니
푸른 소나무 잎 사이로 비치는 햇살이거니
오늘 내리는 첫눈 밟고 종일 걸으면
내일 금시조 날아오리니

* 홍로점설紅爐點雪 : 붉은 화롯불에 한 점의 눈

서산 대사와 빨치산

 그 스승은 유교 양반의 엄격한 선비 집안 출신으로 명이 짧다고 해서 승려가 된 분인데 평생 기관지 폐렴으로 몸은 약하나 정신은 강철 같아서 6·25 때 불탄 지리산 벽송사를 빨치산 수백 구 뼈가 나온 참혹한 폐허를 보고 복구한 분이니 평생 고생은 정해졌고 불심이 깊은 모친이 도와 수십만 평 절 땅도 찾고 절도 명소로 만들었다 참고로 벽송사는 평양 출신의 서자인 서산대사가 방랑하다가 승려가 된 역사 깊은 곳으로 변강쇠 전설이 나온 곳이다 벽송사는 조선 선불교 정통을 계승한 선불교 성지다 그 마을은 닥나무 옻칠 공예로 유명한 동네로 칠선계곡은 한국 제일이고 두 번째가 백담사 계곡이다

 그 스승은 입적 타계 할 즈음 약 2주간 단식하고 물만 마시다가 몸과 마음의 집착을 비운 뒤 앉아서 명상에 잠기듯 고요하고 평화롭게 이승을 하직했다 종사열반이라는 것이다 죽을 때까지 비싼 알부민 주사액을 맞고 연명한 다른 부잣절 고승이나 재벌 전직 대통령과는 확연히 다른 삶이었다

복희 누나

복희는 어릴 때 부모를 잃고
정처 없이 떠돌다가
남의 집 식모로 구박받고 살다
서울 가서 평화시장 손발이 부르튼 미싱쟁이로
혹은 오라잇 버스 차장으로
쥐꼬리만 한 돈 받고
위험천만한 일 해내었다
인권은커녕 밥 먹고 살기도 힘든 세상
6.25전쟁 직후 밀어닥친 피난민들의 물결에
가난한 나라 벗어던지기 위한
경제개발 5개년계획에
시골 살던 순이와 복희
철이와 개똥이도
남루한 누더기 벗어던지고
나이롱 새 옷 입고
산업전사로 몸을 던졌다
마산수출공단의 복순이들의 일터
베트남 전선과 중동 건설사업은
피 끓는 남아들의 무대

경제 살리고 부강한 나라 만든
복순이 복희
갑순이 갑돌이는
조국 근대화의 일꾼으로

험한 세상의 빛이 되었나니
험한 세상을 건너는 다리가 되었나니.

모든 엄마는 위대하다

2년 전 옛 고향 언덕배기 동네로
바다 보이는 곳에 마지막 둥지 틀었다
동네 골목마다 원주민과 동거하는
토박이 작은 엄마들이 무리지어
얼굴이 까만 엄마도
얼굴이 하얀 엄마도
얼굴이 얼룩덜룩 한 엄마도
가장 센 엄마는 얼굴이 하얗고 갈색
두 얼굴의 엄마다
이 엄마는 2년 동안 아기를 열댓이나 (   )
오늘도 저 두 얼굴 엄마는 아기 앞세워
젖동냥 먹이동냥으로 바쁘다

6.25 눈보라 몰아치는 12월의 밤
위대한 엄마들은 갓난아기 품에 안고
둘째 아기 업고 더러 큰 아기는 손잡고
젖동냥 먹이동냥 했을 테지
골목 할머니들이 싫어해도
내가 만나면 야단을 쳐도

두 얼굴의 엄마는 도망가다가 멈춰
힐끗힐끗 노려보다가
이제 도망도 안가고 그저 앉아있다

자식을 지키는 엄마의 마음은
눈보라치는 겨울밤에도
세찬 비바람 부는 여름날에도
자식 사랑 새끼 보호하는
이 세상 여니 엄마와 닮았다
어린 자식을 앞세운 엄마에게
오늘 진수성찬은 못되어도
밥 한 술 물 한 모금 적선한다
봄이 올 때까지 저 어미는
자식새끼 위해 본능적 사랑을 베푸리
나 또한 자식새끼 많은 저 두 얼굴 엄마에게
굶주리고 젖마저 말라붙은
저 어미를 위해 작은 사랑을
십시일반 한 술을 기꺼이 나누리

아무도 가 보지 않은 길

한평생 살면서 아직도
가보지 못한 길이 많다
어릴 적 떠난 고향 부산에 와서
갈맷길 해파랑길 동백길
피난민의 한 맺힌 영도 산복도로
흰여울 문화마을도
용당을 지나 임진난 전쟁 때
두 기생이 왜장을 껴안고 죽었다는
팔천만 년 전 화산 폭발로 생긴 그 곳
사나운 파도가 치고
산 숲이 우거진 좁은 길 따라
이기대二妓臺 부산의 숨은 명소

하늘나라로 먼저 간 부모형제
스승 선후배 수많은 친구 친척 지인들
지금쯤 어디에 있을까
예전 아들딸 따라 외국 이민 간
부모 인척 같은 정든 아줌마 아저씨
보살님 거사님들 이국땅에 뼈를 묻은

몇날며칠을 걸어 도착한다는 산티아고
일본 불교 성지의 길 고얏길은 갈 수 있다
부산에서 금강산 거쳐 원산으로
두만강 넘어 백두산으로
목포에서 서해안 지나 평양 신의주로
단동 옛 태조 이성계가 못 건넌
위화도 건너 요동 땅으로
환인 옛 고구려 수도로 오녀산성 올라
하얼빈 가서 치치할 거쳐 만주리로
북경 러시아 땅 밟고
동포의 땅 연해주에서 우스리스크로
몽골 시베리아 중앙아시아로
광활한 러시아 대륙에서 동유럽으로
가보지 않은 길을 가고 싶다
시베리아 꿈의 신 실크로드 횡단열차가 기다린다
바이칼 강가를 걷고 싶디
시베리아 숲 자작나무 길을 걷고 싶다

가보지 않은 길을 꿈꾼다
가보지 않은 길을 걷고 싶다
가지 않는 그 길을 가고 싶다

무재칠시*

사랑도 돈이 든다는 세상에서
돈 없이 사랑하고
돈 없이 살아갈 수 있다네
사랑하는 사람과 눈만 마주치고
사랑하는 사람과 사랑한다는 말 한 마디에
차갑게 얼어붙은 심장도 녹아내리고
사랑하는 사람 향해 웃을 수만 있어도
사랑의 불꽃 활활 타오른다네

사랑의 밀어 나누고
사랑의 미소 짓지 않아도
가만 앉아서 바라보기만 하여도
사랑은 마음과 마음으로
몸과 몸으로 전해지네
불씨 하나가 온 산 태우고
물 한 방울이 큰 강물 되듯이
사랑의 솔씨 하나가 천년 소나무 되네
사랑은 나에게로 와 꽃이 되고
초승달 같은 내 사랑하는 임의 눈썹 되어

나를 지켜주고 너를 지켜주네
미소만 지어도
눈만 깜빡거려도
말 한마디 건네도
가진 것이 없어도 마음만 있으면 부자라네
돈이 없어도 돈 들지 않는 마음만으로
사랑하고 뜨거운 마음으로 살아가세
억겁의 태양이 항상 빛과 열을 내듯이
내 마음의 태양도 항상
밝은 빛과 에너지가 충만하듯이.

* 무재칠시無財七施 : 불교에서 재물이 없이 남을 사랑하고 세상을 이롭게 하는 일곱 가지 보시인 사랑의 실천을 뜻한다.

떡 파는 할머니

어제 칠월칠석에 떡 파는 할머니 만나
선물용 떡을 샀다
할머니가 덤으로 두 개 더 주면서
"시님요 잘 잡수이소"
돈 주고 산 떡은 옷집 주인에게 주고
나는 덤으로 얻은 강원도 감자떡 두 개를 먹었다
그 옛날 당나라 도인 덕산선사가 오랜 고행 끝에 허기를 달래려다 떡 파는 할머니에게 떡을 달라고 했다 그 할머니는 선사가 평생 지고 다닌 금강경 속에 과거 현재 미래의 어디에 점심을 하겠나 하고 물었으나 꽉 막혔다
평생 금강경을 잘 안다고 했으나 이름 없는 길가의 떡 파는 할머니의 물음에
???

나는 칠석날 떡 파는 할매 만나
떡도 사고 덤도 얻고
과연 나는 내 마음에 어디에 점을 찍었을까?
과거심도 현재심도 미래심도 떡이다
세상이 모두 떡 한 판이로다

33은 9

99는 81이다
%^##@%**♡

....

풍신風神 2

바람의 신은 산을 허물고 바다를 뒤집어
먼 하늘에서 온 토르의 신이
바다에서는 포세이돈의 분노가
땅속 끝에서는 하데스의 창검이
수십 개의 지구위성을 부순다
빛과 같은 속도로 망치를 휘두르고
1억 도의 불기둥으로 살아있는 존재를 불사른다
1억 톤의 물기둥에 퍼붓는 폭풍우
바벨탑도 초고층의 빌딩도 한순간
산더미같이 쌓은 금은보화도
수천 년 이룩한 금자탑도 찰나의 물거품
1천억 개 은하우주국 식민지
티끌 같은 지구의 백성들이여
어디로 가나
토르의 망치를 빼앗고
신의 사자를 인질로 삼으라
그리하여 저 무시무시한
사라 매미 루사 힌남노의 눈알을 뽑아라
마침내 지구는 광대무변한 우주바다에서

한 점의 독립국가 되었다
지구인간 만세
지구생물 만세

지구의 수호신 하늘 땅 해 달 별
45억 년을 더 살게 되었다
지나간 45억 년에 미래 45억 년
영원불멸의 지구위성이여
아승지겁의 생명들이여
춤추고 노래하라 기쁨의 노래를
지구 종말은 아직 45억 년이 남았다
할렐루야
천지신명이여
나무관세음보살

오대산 열목어

2만 년 전 단군 할배가 이 땅에
강림하기 전
시베리아연어가 흘러 흘러 수만리
하천과 강 여울목 헤엄쳐
고난의 수많은 행군을 견디며
내려와 한반도에 터잡았다
맑고 시린 물 일급수에만 산다는
눈에 빛과 열이 있다는 열목어
옛날 오대산 열목어
눈과 폭설이 뒤덮인 계곡에서
헤엄치고 안락을 누리는 귀한 몸

디엠지 DMZ

새들이 자유롭게 날아가고 날아오는
새들은 국경이 없다
억새 우거진 오솔길 따라
팔백 리 임진강이 유유히
종횡무진 흐르는 그 길
포탄 소리 멈추고
풀벌레 소리만 가득한
가없이 푸르른 하늘 머리에 이고
끝없이 이어진 흙길 밟고

디엠지 평화의 길을 걷고 싶다
디엠지 자유의 길을 걷고 싶다
백 년 동안 못 만난 사랑을 위하여
사무치게 그리운 임을 향하여
디엠지* 세계일화의 그 길을 향하여

* 세계일화世界一花 : 불교 용어로 세계는 큰 꽃 한 송이라는 뜻

장산곶매
– 백기완 선생을 추모하며

사랑도 명예도 이름도 남김없이
한 평생 나가자던 뜨거운 맹세
……………………………………
동지는 간데없고 깃발만 나부껴*

황해도 구월산의 민중 혁명가 백기완은
압제와 불의에 대항해
89년 평생을 오롯이 불꽃같은 투쟁으로
민중 민주 민족의 가없는 사랑의 보살
독재와 탄압 차별과 불평등이 난무한 이 땅의 질곡과 모
순을 헤치고 우뚝 솟은 곧은 대나무
천애고독의 바위섬에 유배된 한 그루 푸른 소나무
한 줄기 세찬 바람으로 혼돈을 깨웠으니
장산곶매는 하늘의 무법자 독수리와
땅의 훼방꾼 구렁이를 물리치고
뭇 생명을 수호하는 장산곶매로
우리 곁을 지키는 영원한 상록수로!

* 백기완의 시 「임을 위한 행진곡」 일부

채식주의자

2016년 작가 한강이 세계적으로 권위있는 맨부커상 채식주의자로 받은 직후 우리의 티비인터뷰에서 아버지가 딸에게 고기를 억지로 먹이는 장면을 끔찍하다라고 말하고 더이상 진행못하겠다는 인기가수 작곡가 김창완의 진행에 많은 사람들이 동조했다

이처럼 폭력은 여러가지 방법으로 표현된다 이에 대응하는 방법은 폭력을 거부하는 것이지만 현실적으로 용납이 안된다 한강은 가부장의 폭력을 말했지만 비유일 뿐이고 그만큼 우리사회는 강자가 가하는 유형무형의 폭력에 둔감하다 지금도 수많은 독자들이 이해 못하는 수준이다 독서를 안하는 국민들은 문해력이 없다

현실은 크고작은 폭력이 일상적이지만 글이나 말을 하면 안된다는 위선과 모순의 논리가 가득한 우리사회의 비극이다

민락동행

오늘 밤 시내버스 기다리다
민락동행民樂同行이라는 문구 싣고
달리는 버스 잠깐 정차
기사 아저씨와 1분 대화
나라 정치가 모든 사람이 안락한
민락동행이 됐으면
모든 사람이 민화안국 됐으면
버스 기사의 바램처럼

민화안국 국태민안 중생안락이
본래 민중을 어여삐 여기는
대중불교 사상이고 정신이거늘
오늘 날은 애민중생도
동체대비 보살정신도 사라지고
황금에 눈멀고 권력에 아부하는
종교만 남았나 탄식한다

빙그레 웃는 기사 아저씨와 몇 마디 나누고
나는 다른 버스 타고 떠나왔다
꽃샘추위에 불안한 세상만큼
몸을 움츠렸다
다시 마음을 되잡는다

북극 한파는 언제 끝날까
봄꽃은 언제 만개할까
전쟁 없는 세상이 올까
언제나 사랑이 물결치는 평화는
어디 숨어있을까 부질없는 꿈꾸며
무여열반의 니르바나를 꿈꾸며

작가 한강

채식주의자
소년이 온다
작별하지 않는다
아기 부처
여수 사랑
○
○
○
둥둥둥…….
트라우마
고통 번민
침묵의 명상
백년 잠 못 이룬 밤
비극의 내면화
마침내
돈황의 불꽃 되어 밤하늘 불꽃축제
큰 사랑으로 동체대비
너와 나 천당과 지옥
사랑 기쁨 슬픔 대립 증오

일 억도 태양의 용광로 되어
세계일화
세상의 큰 꽃 한 송이

그날을 위하여 노래 부르리
그날을 위하여 춤추리

한강으로 빛나라
- 노벨문학 수상자 한강에게

오늘 오백 년 동안 기다린 끝에
세상을 뒤흔드는 경사로움 있어
탱크를 몰고 폭격기로 숨통 끊는
죽음의 세월 멈추지 않아
불안과 고통 번민의 밤 지새우는
인간의 나약함을 부르짖는 탄식이
인생무상 무정세월이 반복되어도
가혹한 운명, 신의 시험에도
가만 있으라!
기다리고 기다려라!
순응이 살 길이요 역행과 저항은
죽음으로 갈지니
의심하지 말라 신의 명령일지니!

신도 없고 운명도 없다
오직 이 마음뿐이다
세상을 만들고 파괴하는 건
인간들의 탐욕이요 어리석음이니
신을 들먹이지 말라

강대국을 들먹이지 말라
이 세상은 사랑이요 낙원일지니
지옥을 만들지 말라는 한강이여!

문학적 서사로 풀어낸 채식주의자
세상의 폭력에 나무가 되어 죽음에 다가가서 나무 한 그루
삶과 죽음이 하나인 생사불이
그리스어 시간
소년이 온다
작별하지 않는다
섭씨 50도의 아스팔트 지옥문에서
천년 고목 그늘 아래에서
달빛 비치는 해안가에서
한강은 명상을 하고 조용히 음률을 읊었다
아비규환의 세상
지옥불 같은 세상
야수들이 지배하는 세상

한 송이 꽃으로 피워내
세계일화를 만들었다
전쟁도 없고 피 흘리는 싸움이 없다면
무슨 맛으로 사나
무슨 재미로 사나
인간세상은 먹고 마시고
피터지게 싸우는 윤회의 두레박을
끝도 없이 길어 올리고 있다
전쟁에서 평화로
평화에서 전쟁으로

그건 너 그건 너 때문이야*

통기타 삼인방이 주가를 올릴 때
카페에서 세월을 죽이던 이장희
홀연 그건 너 그건 너 때문이야
애원하듯 절규하듯 불렀다
누구를 향한 것인지도 모른 채

70년대 중반 유신정권이 기승을 떨칠 때
청량리에서 새벽열차 타고 강릉에 도착한 늦은 오후
우연히 마주친 수학여행단 여고생들이 부르는 우렁찬 노랫소리
그건 너 그건 너 때문이야 때문이야~
귀청을 때렸다 화들짝 놀랐다
이게 시대정신인가
이게 억눌린 시대의 합창인가
여고생들의 청순 발랄한 노랫소리는
나의 잠자는 혼을 깨웠다
이십대 후반의 방랑자를
십대 소녀들의 호소와 절규는
용솟음치는 화산으로

눈보라치는 폭포수로
나를 불러 일으켰다

모두들 잠드는
고요한 이 밤에
어이해 나 홀로
잠 못 이루나

……….

그건 너 그건 너
바로 너 때문이야
바로 너 때문이야

……….

그건 너 허~
그건 너…….

* 가수 이장희가 1981년 작사 작곡 발표한 노래 『그건 너』 인용

화엄일기 1

너도 죽고 나도 죽고
다 함께 죽자는 인류사 전쟁
강한 자만 살아남는 호모사피엔스의 후예
오대양 육대주 지구촌 인간
너나 할 것 없이
살아남기 위한 경쟁
약자는 짓밟히는 약육강식
강자만 우뚝한 바벨탑 세워
수천 명 빛나는 첨단문명
마지막으로 한 방이면 끝나는
핵무기에 극초음속 미사일

지구 출현 수천만 년 1억이 넘는
소나무 전나무 은행나무
바오바브나무
수억 년 전에 나온 공룡은 사라지고
대를 이어 물고기 곤충 꿀벌
제비 까치 참새도
형형색색의 풀들과

가지각색의 꽃들도
숨을 쉬지 못해
산과 강 바다가 인간의 탐욕으로
비명을 지른다네

나도 살고 너도 살고
다함께 살자는 화엄의 말씀
물도 공기도
인간도 지구도
강아지도 냥이도
나무도 하늘 땅도
다함께 살자
백인도 흑인도 황인 홍인도
다함께 살자
암수 여자 남자 어린이 어른도
다함께 살자
부자와 빈자도
억만장자도 오막살이 집 한 채도

다함께 살자는 화엄경 말씀
인간은 본래 부처이거니
본래 면목 찾으면
그 자리가 부처요 극락이라
지상 불국토는 바로 이곳
앉은 자리가 꽃자리니라는
큰 시인 공초 오상순의 말씀 따라
오늘 가보지 못한 길 따라
부모 미생전 소식 찾으러 간다네

화엄일기 2

사랑하고 살아라 성인들 말씀
미워하지 말고 시기하지 말고
다투지 말고
사랑만이 살 길이라
사랑이 존재 이유이니라
거룩한 성자들은 가르쳤지만
인간들은 시기하고 질투하고 속이고
살아남기 위해 죽이고 핍박하고
고문하고 파괴하고 위협했다
지배하기 위해 차별하고 분별하고
내 편은 천사
네 편은 악마
믿는 자에게 천국
불신자에게 지옥을 만들었으니
본래 천당 지옥이 없고
본래 신도 악마도 없는
오직 이 세상이 천당극락
바로 여기가 화엄의 만다라

한 생각을 깨달으면 부처
평생 마음이 어두워 캄캄하면
중생이고 육도윤회거니

화엄일기 3

나에게 본래 빛나는 보물이 있으니
밝고 밝아 신령스러우니
모양도 없고 색깔도 없으니
원하면 모든 것이 이루어지고
천리만리 길도 원하면 순식간에 가고
배고프면 생각만 해도 배부르고
보이지 않는 내 안의 빛은
나와 남을 비추고
세상과 삼천대천세계를 비추이나니
시간도 공간도 없는
텅 빈 진공묘유
늙음도 죽음도 없는
영원한 세계
인간들은 예나 지금이나
누구나 갖고 있는
여의주 신의 보석을
볼 수 없고 만질 수 없는
부처의 금강좌를
찾지도 다가가지 못한 채

생로병사의 굴레에서 헤맨다
새장의 새는 새장을 벗어나지만
인간의 새장은

화엄일기 4

불 속에서 연꽃이 피네
바다 속 용궁에서 마니주 얻네
포탄이 쏟아지는 전쟁터에서
임의 음성 듣고
임의 모습 보고
우담발화 피네
지옥에서 부처님 만나듯
천상에서 옥황상제 만나듯
우리는 죽어 이 다음에
언제 어디에서 다시 만날까
살아있을 때 지상복락 누리듯
다음 생을 기약하리
슬픔도 괴로움도
지나가는 한 줄기 바람이거니
연연세세 사랑하리
삼세인연 품으리
한 번도 가보지 못한 길 향하여

화엄일기 5

죽어 천당 가는 저승보다
굴러다니는 이승의 개똥밭*이
더 좋다는 도인 말씀
억만장자도 죽을 때 빈손이라고
빌어먹는 거지가 더 좋다고
아파도 차 한 잔 술 한 잔 놓고
말없이 말하고
들은 바 없이 듣네
천둥벼락이 퍼부어도
세찬 비바람 불어도
시인은 그 자리에 머물고 있네
억만년 바위로 부동심*으로

* 구상 시인의 시 「밭일기」 인용. 구상 시인의 일상어. 유마경, 일본속담에서 유래함. 이승의 삶이 고통이지만 축복이라는 뜻
* 부동심 : 인간이 어떤 상황에도 굴복하지 않는 보살의 경지에 이른다는 높은 경지

공수래 공수거
- 삼성 이건희 회장을 추모하며

빈손으로 왔다
빈손으로 갔다
'공수래 공수거'
한국 제일 갑부가 생전에
선친이 쓴 좌우명을 집무실에 걸어놓고
하루에도 몇 번씩 쳐다보고 읊조렸다
어차피 인생이 빈손이라면
마음껏 일하고 즐기고 누리리라
마음속 깊이 부친의 인생철학을 새겼다

눈보라치는 겨울밤에도
천둥번개 치는 사나운 날에도
'공수래공수거'
총칼이 부딪치는 암흑의 날에도
가슴을 펴고 당당히 맞서라
현해탄 건너 화산지진이 덮치는
해 뜨는 곳 사무라이 나라에 가서도
기죽지 않고 학업을 닦으며
찬란한 젊은 날의 영광과

이 세상 오욕칠정을 맛봤다

쪽물은 쪽에서 나와 한결 푸르고
큰 강은 실 같은 물줄기에서
물줄기가 물줄기 만나 계곡이
계곡이 계곡 만나 작은 강과 호수
마침내 큰 내와 큰 강이 만나
바다로 흘러내리나니
거대한 황하도 장대한 양자강도
티베트 계곡의 작은 샘에서 나와
물줄기와 계곡
작은 강과 큰 강
대해를 이루나니

방앗간 집 아들이 세상을 만나
천만 국민을 먹여 살리고
시골집 외양간 소 한 마리 몰고
서울 간 박 서방은 마침내
고생 끝에 고진감래 큰 산을 이루었나니

판자촌이 빌딩숲이 되고
아무도 찾지 않는 시골집이 별장
궁전 같은 집이 되었다네

인간은 무엇으로 사나
인간은 어떻게 살아야 하나
우리는 어디서 왔다가 어디로 가는가
인생의 화두를 품고
젊은 날의 고뇌에 잠 못 이룬
'중생이 아프니 나도 아프다'
새가 허공에 날갯짓하며
만리 길 날아 붕정만리
꿈 희망 행복 사랑의 날갯짓으로
마침내 오대양 육대주를 평정
나라와 만 중생 불보살께 회향
공수래공수거로 도솔천 내원궁
올라가는 사다리 삼아
오늘 아침 그는 만 리 붕새 타고
오색구름 헤치고 멀리에서 나타나신

관세음보살이 영접해
한줄기 황금빛으로 사바세계를 하직했나니

부자는 인색하고 눈물이 없다고 하지 마라
공수래공수거를 새기면
늘 가슴에 사랑이 넘치고
눈에는 보이지 않는 눈물이 마르지 않는다네
보살의 눈물은 중생을 위해 흘리고
인간의 눈물은 처자식을 위해 흘린다네
보살의 원력을 품은 '보살인간'은
가슴에 늘 사랑의 보석을 품고
가슴에 늘 고뇌의 눈물을 감추나니.

아홉 번 덖음 차
- 비구니 묘덕차

꽤나 오래된 지리산 깊은 골짜기
찻잎 덖는 향기가 진동하네
해마다 봄이 되면
참새 혓바닥 작고 작은 새순 찻잎 따다가
초저녁에 시작해 밤을 새우며 아홉 번
수백도 무쇠 가마솥 뜨거운 열기는
잠시도 쉴 수 없네
잠시도 한 눈 받지 못하네
여리디 여린 순하디 순한 아기순 초록 찻잎이
화탕지옥 잘 견디고
몸의 쓴 맛과 찬 기운 날려버릴 때
아홉 번의 불가마 덖음으로
중생이 부처 되고
악마가 보살 되고
독이 약이 되고
약성은 코로나바이러스도 물리치네
팔만사천 번뇌가
팔만사천 법문으로 변해
찰나에 운명이 정해지네

지리산 깊고 깊은 골짜기
비바람 거세고 설한풍 몰아칠 때
차나무는 푸른 기운이 씩씩하다

천년을 이어온 차향의 기운은
이 나라 백성들의 곤고함이나 질병도 물리치고
차 한 잔에 백팔번뇌 잊었다
그 옛날 춥고 배고픈 시절
넓고 기름진 문전옥답에는 양식을 심고
비탈진 반음반양의 쓸모없는 땅에는 차를 심어
마음의 허기를 달랬다
뱃속의 허기는 밥 한 사발 술 한 사발로 달랬어도
눈보라치는 적막한 산중의 수행승
제주도 위리안치의 귀양길에 추사는 잠 못 이루고
다산은 호남의 외갓댁 귀양에서 풍족했으나
종내 차 한 잔이 그리웠다
혹독한 당쟁 귀양길에 차 한 사발은 생명의 묘약
비구니 묘덕이 아무도 못하는 아홉 번 덖기는
옛날 초의선사나 할 수 있는 수행정진이다

차를 심고 차를 키우고 그로부터 십여 년 세월
눈이 오나 비가 오나 가뭄이나 큰 비가 내려도
사랑하는 자식 키우듯
십년공부 나무아미타불 공덕 이루듯
수십 년 세월 거쳐
차 심고 차 키우고 찻잎 따고
뜨거운 가마솥에 냉독 없애
맛과 성분이 묘약 되었네
오늘도 지리산 차나무는 생명 기운 내뿜고
황금 햇살에 초록빛 융단 수 놓네
옛날부터 땅 많은 이들은 부자와 권문세가 산해진미 즐기고
땅 없는 민초들은 산에 들어 옹기 굽고 찻잎 따네

시절인연 2

때가 되면 밥 먹고
때가 되면 일하고
때가 되면 잠자고
때가 되면 잠깨고
때가 되면 사랑하고
때가 되면 떠나네
순결한 사랑도
때가 되면 떠나고
이루지 못한 사랑도
때가 되면 다시 만나네
금생에 만나지 못한 사랑도
이루지 못한 사랑도
다음 생 언제 어디에서 만날까
어느 별에서 다시 만날까

시절인연 3

사랑이여 너는 언제나
내 곁을 지키는 봄바람처럼 머물러
언젠가는 떠날 연인이여
비바람 불고 찬 서리 내리는 밤에
너를 생각하리
너를 잊지 않으리
낙엽 지는 늦가을에도
설한풍 몰아치는 겨울밤에도
꿈속에서 만나리
봄이 되면 다시 만나리
그대가 나를 잊지 않듯이
나도 그대를 잊지 못하네
시절인연이 되면

바보 동생

바보 추기경이 있었다
가톨릭의 최고 수장이었던
김수환 추기경은
종교 권력의 최정상에서 늘 온화하고
늘 웃음 짓고
천둥번개치고 사나운 이리떼에 쫓긴
양의 무리 가슴에 안고
신의 무한 사랑 베풀고
약자와 동행했네
가진 자와 힘센 자에 붙어
이익 챙기지 않고 오직 사랑으로
바보 추기경이라 부른다네

동생 승려 영봉영주대사는
동진 출가해 큰스님 뫼시고
춥고 배고픈 시절
아무도 가지 않는 적막의 산중에서
스승 모시고 수십 년 세월 보냈네
병약한 수도승 스승을 위해

소년의 몸으로
길도 없는 심산유곡을 헤치며
십리길 걸어 공양을 들어 날랐네

육이오 전란 후 빨치산 소탕으로
유서 깊은 절이 불타고 재만 남았을 때
빨치산의 뼈만 수백 구
병약한 스승은 빨치산 시신 묻고
날마다 천도기도로 하루해를 넘겼네
죽은 자를 위한 낭랑한 염불소리는
산에 메아리치고 심금을 울렸네
삼십여 년 세월 험하고 깊은 산에서
큰 선방을 지어 천년의 맥을 이었네
참선 기도 하면서 대중을 모으고
집채만 한 바위 캐내어
거대한 석굴암 지으니
스승과 제자가 한 몸 한 뜻으로 할 일 마쳤네

영리하고 사악한 사람이 잘사는 세상
동생 영주는 우직한 성정에 일밖에 몰라
윗어른 모시는 일에 인생 절반 보내고
시골 넓은 터에 자리 잡아 수십 년
숲을 가꾸고 집짓고 꽃나무 심고
험한 땅 평지 옥토로 만들어
메마른 섬에 물길 잡아
가뭄에도 마르지 않는 샘이 되어

꿈길
- 동생 영봉당 영주선사를 추모하며

태어나 울고 웃고 고통으로 한 세월
기쁘고 슬프고 서러운 한 세상
분하고 한 많은 인생살이

그대를 만나 행복했고
그대를 만나 괴로웠네
그대를 만나 웃음 짓고
그대를 만나 눈물 짓네

이 봄 이화나무 아래
바람에 휘날리는 낙화를 보며
그대와 작별하네
눈물을 글썽이네

오늘 스승님 부모 형제가 있는
도솔천 내원궁으로 올라가네
한 송이 붉은 연꽃송이로 오르리

- 소암 일주 분향

시 평

『시로 빚어낸 마음의 달』 윤소암 시의 의미

김 경 복
(문학평론가, 경남대 교수)

  윤소암 시의 중심부에 이르게 되면 언제나 만나게 되는 것이 있다. 심처 한가운데에 상당한 에너지를 품고 돌고 있는 것 같은 그것. 그런데 그것은 물질이 아니어서 형상도 없고 소리도 없고, 냄새와 맛도 없으며, 몸으로 느껴볼 촉감도 없다. 하나 요요히 빛나는 것 같고, 우주를 가득 채운 소리 같고, 무어라 말할 수 없는 냄새와 맛의 덩어리 같고, 몸으로 느끼게 된다면 굉장한 충격을 줄 것 같은 그런 것이다. 그것은 무엇일까? 그것이 무엇이기에 시인은 이를 이렇게 강렬하고도 지속적으로 노래하고 있는 것일까?

  '마음'이다. 윤소암 시인은 그의 시적 의식의 바탕에 늘 마음을 시적 대상으로 깔아두고 이를 이미지화해 세계를 건설하고 있다. 그는 이번 시집에서도 "가진 것이 없어도 마음만 있으면 부자라네"(「무재칠시」)라고 말함으로써 마음의 절대성, 특수성 등을 노래하고 있다. 그의 시는 마음을 찾고, 마음을 다스리고, 마음을 세워 세계를 건설한다. 그의 시는 마음의 탐색과 정립을 수행하는 성채이자 도량이다.

어느 시인인들 자신의 시에서 마음을 노래하지 않는 경우가 있겠는가? 그러나 일반 시에서 시인이 노래하는 마음과 윤소암 시인이 노래하는 마음의 형상과 거취는 다르다. 윤소암 시인이 노래하는 마음은 단순히 일상적 차원에서 품는 감정의 의미가 아니라, 존재의 근원을 알게 하고 더 고차원적인 존재로 나아갈 수 있게 하는 의식의 지향성과 관련되어 있다. 즉 깨달음의 추구의식이 윤소암 시인이 그의 시 속에서 계속 노래하고 있는 마음의 내용이다. 이를 잘 알 수 있게 하는 작품이 다음 시일 것이다.

달을 보라는 간월도
중생들은 달은 보지 못하고 달 가리키는 손가락만 보는 간월도섬 암자에
오늘도 내일도 만공도인의 무언설법이 기다린다
마음의 달을 보아라

손가락을 보지 말아라

간월도에 반달이 걸리고 석화는 살이 찬다

　　　　　　　　　　-「간월암에 가면」 부분

　이 시의 핵심은 "마음의 달을 보아라"에 나타나 있다. 그 내용은 불교적 사상에 기반해 있지만 초점은 윤소암 시인이 불교적 진리의 상징인 달을 '마음'의 보조관념으로 사용하고 있다는 점에 있다. 마음의 의미를 달에 빗대 말함으로써 자신의 추구하는 마음이 어디에 기반하고 있는지를 알려주고 있는 부분이다.

　불교 사상의 관점에서는 '달'과 '손가락'의 대비가 중요하다. 불교적 진리를 깨닫는 상황에서 손가락은 그 진리의 실체에 이르기 위한 하나의 도구를 의미하고, 달은 그 손가락의 도움을 받아 궁극에 이른 상태의 진리를 의미한다. 진리에 이르게 한다는 점에서 도구는 중요하지만 궁극에 이르게 되면 그 도구는 더 이상 쓸모가 없어지므로 한시적 필요성을 띠는 것인데, 인간은 그 이치를 깨닫지 못하고 도구, 즉 손가락의 미혹에 붙잡혀 있다는 경구가 그 내용이다.

　여기서 문제는 불교적 진리의 실체인 달을 시인은 왜 마음의 자리에 두고 그 의미를 형성하고 있는가 하는 점이다. 시인이 생각하기에 마음이 절대적 가치를 지닌 것으로서 그 의미를 형상화낼 수 있는 것이 있다면 불교에서 흔히 말하는 달의 형상과 같지 않을까 하는 생각을 추측해 볼 수 있다. 불교에서 달은 부처님의 자비, 지혜, 청정 등을 상징한다. 「월인천강지곡月印千江之曲」에서 달이 온 누리에 비춰줌으로써 부처님의 자비가 가득하다는 내용이 그 하나의 사례라 할 것이다. 그에 따라 부처님의 사랑, 지혜 등이 달이라면 '마음' 또한 원관념으로서 부처님의 사랑, 지혜 등을 의미하는 대상이 된다.

그럼 다시 여기서 왜 마음인가 하는 것을 물을 수 있다. 마음은 인간 존재라면 누구나 갖고 있지만 그 마음을 다루고 펼치는 것은 모두 다르기에 마음씀이 얼마나 중요한 것인지를 강조하기 위해 말하고 있다고 볼 수 있다. 실제 불교의 화엄경에서도 '일체유심조一切唯心造'라는 말이 있다. 이 세상의 모든 일이 오직 마음에 따라 만들어진다는 내용인데 그만큼 마음의 작용, 즉 마음먹기가 얼마나 중요한지를 말하고 있는 것으로 보인다.

윤소암 시인은 '마음의 달'을 그의 내면 깊숙이 걸어두고 늘 그곳을 향해 걸어가고, 수시로 닦아내고, 항상 온몸에 채워 다함이 없게 하고자 한다. 마음은 실체가 없기 때문에 몸과 의식으로 늘 그것을 통찰해내지 않으면 안 된다고 생각하는 것이다. 그래서 마음의 실체를 달로 설정해 두었다고 할지라도 실존적 삶의 현실에서 보다 더 진실에 가까운 것은 무엇일지를 탐구하는 방식으로 마음의 형상을 찾는다. 다음 시가 바로 그런 한 예가 아닐까?

> 옛날 옛적부터 듣던
> 우리네 마음 깊숙한 곳에서
> 터져 나오는
> 그 맑은 소리에 잠을 깼다
> 잠든 영혼을 일깨우는
> 우리네 잃어버린 마음의 고향
> 할머니 할아버지 아버지 어머니가
> 꿈결에 들려주는 그 소리
> 낮뻐꾸기 밤소쩍이
>
> — 「수정동 뻐꾸기」 부분

 이 시에서 마음의 실체를 드러내는 대상은 '고향'이다. 시적 내용으로 볼 때 '고향'은 "낮뻐꾸기 밤소쩍이"가 들려주는 "잠든 영혼을 일깨우는" "맑은 소리"로 구체화되고 있다. 영원히 잃어버려서는 안 될 존재의 본성이라는 의미를 고향은 가지고 있는 것이다. 이것을 시인은 마음의 보조관념으로 빗대어 우리 인간이 지녀야 할 마음자리로 설정하고 있다. 여기서 고향은 '달'이 가지는 상징적 의미와 크게 다르지 않다.

 일반적 관점에서도 고향이 가지는 의미는 시인이 설정한 의미와 크게 다르지 않다고 말할 수 있다. 고향은 그리움의 대상으로 순수하고, 따뜻하고, 영원한 안식처의 의미를 갖고 있다. 대부분 시인들의 시에서 고향은 그렇게 그려진다. 그렇지만 윤소암의 시에서 고향은 현재적 삶에 영향을 끼치는 대상으로 그려지고 있다는 점이 특색이다. 현재의 '잠든 영혼을 일깨우는' 기능, 그것도 영원히 보존해야 할 만한 가치로서 '맑은 소리'의 근원이라는 의미를 갖고 있다. 이는 단순한 회고적 감상이 아니라 현재적 삶의 결핍을 반성하거나 진정한 삶의 가치 추구에 고향의 어떤 요소가 깃들여 있다는 성찰의 한 형식이다.

그렇기에 이번 시집에서 시인의 의식은 마음의 본질을 찾는 차원에서 상당 부분 유년 시절과 고향에 대한 그리움을 표현하는 것으로 나아간다. 다음 작품이 그런 경우를 보여준다.

나 어릴 때 살던 북항
태평양으로 나가는 바다
산 위에서 쳐다보면
아득하고 아득하다
끝을 모르는 수평선
낮이면 뱃고동 소리 들리고
밤이면 등대불이 붉고 푸르다

– 「북항 등대」 부분

시적 내용으로 볼 때 시인의 고향은 부산 북항을 중심으로 한 곳이라 여겨진다. 이 시에서 문제적인 점은 그 정겨운 '북항'을 "산 위에서 쳐다보면/ 아득하고 아득하다"에 나타나는 감정이다. '아득함'은 너무 멀어 거리를 잴 수 없는 상태를 이르는 말이다. 곧 어떤 초연함 내지 초월적 단계에 이른 상태에 접어든 것을 보여주는 것이라 할 수 있다. 이는 세속적 상태나 가치에서 벗어나 어떤 본질적 상태로 도약했다는 의미를 상징하는 것이라 할 수 있는 것이다.

실제 시인은 오랜 주유천하 끝에 유년의 고향인 북항 주변에 거처를 가진 모양이다. 그래서 이번 시집은 유년에 대한 기억과 고향의 풍경을 표현하는 시편을 상당 부분 담고 있다. 이 고향에 대한 감정을 표현하는 부분에서 단순한 회고적 향수심이나 그리움에 잠겨있는 것이 아니라(물론 그 그리움도 애틋한 점에서 가치 있는 감정일 수 있지만) 과거의 순수를 통해 현존재의 지향성에 대한 성찰을 보여준다는 것이다.

그것은 가령 "이 밤에도 북항은 살아있다/ 나의 꿈은 아직 젊다"(「북항에서 2」)라는 표현이나, "수정 같은 맑은 계곡물이 쉼 없이 흘러내린 수정 동산/ 한걸음에 달려가면 바다에 닿는 북항/ 그 서쪽의 외솔배기에서/ 길을 잃었다"(「외솔배기」)라는 시편들이 보여주는 내용을 통해 알 수 있다. 시인의 나이가 실제 노년에 접어들었음에도 고향이라는 실체, 즉 마음의 달과 같은 영원한 진리의 내용을 깨닫게 되었을 때 '나의 꿈은 아직 젊다'라고 말함으로써 영원히 변치 않는 존재의 본질에 대한 감수성을 통찰해 보인다. 또한 세속 현실 속의 거리에서 '길을 잃었다'는 표현을 통해 고향이 주는 진정한 존재에 대한 인식의 눈을 뜨게 되었다는, 다시 말해 더 고차원적 존재로 나아가기 위한 영적 눈을 뜨게 되었다는 고백을 한 것이나 다름없는 것이다.

그런 점에서 북항과 수정동 말고도 부산의 장소성을 보여주는 대상으로 '영도바다, 송도, 흰여울 마을, 자성대, 망양로, 국제시장, 보수동 헌책방, 이기대' 등등의 이미지는 일정 부분 참된 가치, 변하지 않는 존재의 정체성을 확인해주는 시적 의미망으로 형상화되고 있다는 점을 지적할 수 있다. 장소에 대한 그리움은 변하지 않는 제 존재의 정체성을 확인하는 일이자 세속적 가치를 떠나 좀 더 영적인 상태에서 살고 싶다는 바람의 표현이다.

이러한 마음의 지향은 윤소암의 시가 명상과 실천의 양면에 걸쳐 참된 삶의 모습을 추구하는 것으로 나타나게 한다. 다음 두 편의 시들이 그런 것을 보여준다.

화신 우신 풍신의 세 신이여
만물을 살리고 만물을 죽이네
창조와 유지 파괴의 성주괴공은

인간의 생로병사 같은
　　끝없는 변화와 윤회라네

　　　　　　　　　　　－「풍신」 부분

　　산과 강 바다가 인간의 탐욕으로
　　비명을 지른다네

　　나도 살고 너도 살고
　　다 함께 살자는 화엄의 말씀
　　물도 공기도
　　인간도 지구도
　　강아지도 냥이도
　　나무도 하늘 땅도
　　다 함께 살자

　　　　　　　　　　　－「화엄일기 1」 부분

　이 두 편의 시는 현실 속의 여러 현상에 대해「풍신」은 사색과 성찰을 통한 깨달음을 추구하고 있고,「화엄일기 1」은 그 깨달음을 바탕으로 현실사회에 필요한 실천 의지를 피력하고 있다. 먼저「풍신」은 불과 물, 바람의 세 원소를 통해 천변만화하는 자연의 현상을 목도하고 거기에서 추출하게 되는 '성주괴공'의 진리를 체득하는 내용이다. 성주괴공成住壞空은 불교적 진리를 표현하는 말로 '만들어져서 머무르다가 파괴되어 텅 빈 우주로 돌아가는 것'을 뜻한다. 윤회사상의 또 다른 표현인데, 시적 화자는 이 성주괴공이 인간 존재의 본질이라는 점을 통찰하여 수긍하고 있다. 여기서 발생하는 시적 화자의 심리상태는 초연함이다. 세속에 집착하지 않고 더 진정한 세계, 더 가치 있는 세계로의 비약을 꿈꾸는 내용이다.

이에 비해 「화엄일기 1」은 깨달음의 선상에 이르게 됨에 따라 지상의 모든 생명체가 인간과 다름없이 동등한 가치를 지닌 생명체라는 것, 더 나아가 물과 공기, 지구도 하나의 생명체로 인식하여 더불어 살 대상으로 공존하고 공생해야 한다는 삶의 실천성을 강조하고 있다. 이는 불교의 연기론에 기반한 상호의존설을 말하고 있는 것이지만, 지금 세계 현실로 볼 때 자연생태계를 위기에 몰아넣은 인간을 비판하고 지구생태계를 복원하자는 생태학적 담론이기도 한 말이다. 그 점에서 이 표현은 매우 실천적인 정신으로 이 우주의 모든 중생들에 대한 사랑을 담고 있는 '하화중생下化衆生'의 정신이기도 하다.

그런 점에서 윤소암의 시는 깨달음과 실천의 양면성을 담아내는 정신적 형식이다. 이는 마음의 본질을 추구하는 방편으로 '시쓰기'를 수행하고 있다고 볼 수 있는 대목이다.

실제 그는 시에 대해 다음과 같이 말하고 있다.

시인들의 자취는 사라졌으나 시의 여운이 남아 오늘 다시 향을 맡는다

흔적이 없는 자취는 허공에 남고
향이 없는 시향은 내 가슴속에 살아있네

- 「시인의 죽음」 부분

이 시에서 보듯이 시는 '여운'으로 '향'을 남긴다. 그 향은 허공에 흩어져 자취 없지만 "시향은 내 가슴속에 살아있네"로 말하는 것처럼 시적 화자의 영혼 속에, 마음의 달 속에 영원히 살아남아 영향을 끼친다. 참된 진리는 흔적이나 자취가 감춰졌다 하더라도 잔향으로 남아 그 자취를 찾는 사람에게 세세년년 전해지는 것이다. 그렇기에 윤소암 시인에게 시는 진리를 추구하는 방편, 즉 마음의 달을 빚어내는 도구가 된다.

실제 윤소암 시인은 스님이다. 스님이 무슨 시를 쓰는가 하고 생각할 법하지만, 만해 한용운 스님도 시를 통해 일제하 우리 민족의 문제를 다루면서 불법을 설파하였다. 도를 터득한 고승은 게송偈頌이라는 이름의 선시를 쓰기도 했다. 스님이 시를 쓰는 것은 흠이 아니다. 오히

려 도에 이르는 방편을 하나 더 가지고 있는 것이다. 그렇기에 윤소암 시인은 시를 통해 마음을 닦고, 마음을 세워 궁극의 진리에 이르고자 한다. 그리하여 "여기는 마음이 맑고 지혜로운 사람이 머무는 곳"(「무욕의 땅 욕지도」)이라는 참된 열반의 땅을 찾는 수행자이면서, 풍경의 아름다움으로 천지의 도를 노래하는 시인으로 이 지상에 자신의 시향詩香을 남기고자 하는 것이다. 그의 시향은 마음의 달이 되어 눈으로 볼 수 없고, 소리로 들을 수 없으며 맛, 냄새, 촉감으로 느낄 수 없는 곳으로 나아가지만, 참으로 신비하게 이런 활자로 응결되어 독자의 가슴에 반향을 일으킨다. 참된 삶의 가치가 어디에 있는지를 깨우쳐주는 역할을 한다. 손가락 말고 마음의 달을 보라고 노래한다.